কবিতায় আমার আকাশ

লিলি আইচ বসু

বইটি উৎসর্গ করলাম বাবা ৺বিনোদ বিহারী আইচের উদ্দেশ্যে।

বিষয়বস্তু

বিষয়বস্তু

ভূমিকা

LILY AICH BASU

একটা লেখার পিছনে কি কি থাকে!
আবেগ, কল্পনা, ভালোলাগা
সবকিছু জমা রেখে নদীর বাঁকে,
সত্যি কি জন্ম হয় কোনও কবিতার
কোনও কাহিনী বা গল্পকথার!
মন যদি তোলা থাকে নীল খামে
জীবনের চাওয়া পাওয়া দরদামে
শুধু বিকিয়ে যায়।।

About The Author

লিলি আইচ বসু নদিয়ার শান্তিপুরে অবস্থিত একজন বাঙালি কবি এবং সমাজকর্মী।

তার একটি সাংস্কৃতিক পটভূমি ছিল এবং তিনি আন্ডার গ্র্যাজুয়েট ছাত্রী থাকাকালীন

লেখালেখি শুরু করেছিলেন যা এখনও অবধি অব্যাহত রয়েছে।

লিলি একজন গৃহিনী এবং সুবিধাবঞ্চিত শিশু ও নারীদের উন্নতির জন্য বিভিন্ন এনজিওর সাথে কাজ করে।

লিলি বন্ধুত্ব প্রেম এবং উদারতা সম্পর্কে কবিতা লিখতে ভালোবাসে. তার প্রশংসকরা

তার কাজগুলি পড়তে পছন্দ করে কারণ তারা আন্তরিক আবেগে পূর্ণ এবং তাদের নিজের জীবনের সাথে সম্পর্কযুক্ত করা সহজ।

তিনি পেশায় নয় আবেগের একজন কবি এবং গুরুদেব রবীন্দ্রনাথ ঠাকুরের দ্বারা অনুপ্রাণিত।

1. আকুলতা

রংচটা নোনা দেওয়ালকে
আঁকড়ে ধরে
বুনো লতার
নিরাবরণ হাত ।
বাঁচার আকুল ইচ্ছায়
মুছে ফেলতে চায়
ভালোবাসার অপচয়কে ,
শূন্যতার ভারে লীন হয়ে
পূর্ণ হয়ে ওঠে
বণহীন দৈন্যতার গরিমায়।

2. আবর্ত

আবহমান ধরে যে পথটা চলেছে
অনন্তর দিকে,
পরিক্রমণ গতির কক্ষপথ ধরে
সেই পথ বাঁক নেয় নতুন সাজে।
শুধু চোখে পড়ে সময়ের বদল,
শৈশবের উত্তরণ ঘটে
কৈশোরের সাজে,
বড় হয়ে ওঠার হাতছানিতে
কৈশোর এগিয়ে চলে কয়েক পা।
বয়সের গরিমা আলতো করে
জড়িয়ে নেয় অনেক পথ হেঁটে আসা
কিছু মুখকে।
প্রতিটা জন্মমুহূর্ত ছুঁয়ে যায়
একবার করে
কক্ষপথে ঘুরতে থাকা জীবনকে।
জীবনের পথ তার মত করেই হাঁটতে থাকে
পুরানোর সাথে নতুনকে
আঙুলে জড়িয়ে নিয়ে।

3. অহংকার

কি দিয়ে তোমায় সাজাই বলো
পাইনে তেমন ধন
আসা-যাওয়ার খেয়ার পাড়ি
সুধার পরশ দিয়ে তারই
পাঠাই তোমার রাজদ্বারে
ছোট্ট আয়োজন।
সাজাই আমায় অলংকারে
তোমার দেওয়া অহংকারে
তোমার জন্মদিনে
আসলে তুমি রাজার বেশে
রইলে চেয়ে নির্নিমেষে
বাঁধলে চিরঋণে।

4. আবেগ

সব উপেক্ষাকে গায়ে মেখে,
আবেগ বারবার নতজানু হয়
দিগন্তের কাছে।
লাল নীল হলুদ বোতলে সাজানো
মেকি জলরঙের খেলায়,
বেদনার্ত হয় ক্যানভাসে আঁকা
সেই চিরন্তন মুখ।
সীমারেখা পার হওয়ার স্পর্ধা
যখন একাকী হয় বিষণ্ণ সন্ধ্যায়,
ইতিহাসের পাতায় তখন ভিড় জমায়
চেনা মুখের অচেনা কাহিনীর দল।
পথ বদলে ফেললেই কি আর
গন্তব্যস্থলে পৌঁছনো যায়!

5. বসন্ত

দক্ষিণের বারান্দায়
নিতান্তই অবহেলায়,
ধুলো পড়া স্মৃতিগুলো
অনাদরে ক্লান্ত।
সেই পথে তবু আসে
তুলে রাখা বিশ্বাসে,
একমুঠো সবুজ বসন্ত।
মন খুশির খেয়ালে
ক্যানভাসের দেওয়ালে,
থেমে আছে ভালোবাসার
আদি থেকে অন্ত।
তবু আজও সে আসে
ভালোরাখার আশ্বাসে,
যে আমার চিরপথের বসন্ত।
বেলাশেষের যাপনে
একান্ত আপনে,
গোধূলির রঙ মাখে
দিক থেকে দিগন্ত।
আজও অভিমান ভাঙে
ছুঁয়ে থাকা যে রঙে,
সে আমার হলুদ বসন্ত।।

৬. আমার কবি

তখন আমার বয়স কত !
সাত কিংবা আট
বই এর ব্যাগে মা গোছালো
তোমার সহজপাঠ।
তোমার সাথে আমার আলাপ
তখন থেকেই কবি
বইয়ের পাতায়, ক্যালেন্ডারে,
দেখে তোমার ছবি–
মুগ্ধ হতাম, ছুঁড়ে দিতাম
প্রশ্ন মায়ের কাছে,
বিদেশঘোরা বীরপুরুষ কি
সত্যি কোথাও আছে!
রাজার বাড়ির হদিশ পাবো
সত্যিযিই কি সেইখানে!
ছাদের পাশে তুলসী গাছের
টব আছে যেইখানে!
রাজকন্যা বিম্ববতীর
রূপকথার সেই দেশ,
সাতটি ভাইয়ের পারুলদিদি
থাকলে হত বেশ।
সব গাছকে ছাড়িয়ে যেত
তালগাছটা যদি,

আমি হতেম কবি তোমার
ইচ্ছেমতী নদী।
তোমার রাজ্যের কল্পনাতে
হয়ে উঠতাম আমি
প্রদীপ হাতে হারিয়ে যাওয়া,
সেইই ছোট্ট বামী।।

৭. ইচ্ছে করে

হাঁটতে হাঁটতে অনেকদূরের পথ পেরিয়ে এলাম,
তপ্ত দিনের শেষ বিকেলের পড়ন্ত বেলায়;
শান্ত বয়ে যাওয়া বাতাসের কাছে,
ফিসফিসিয়ে এখন অনেক গল্প বলে যেতে ইচ্ছে করে।
অতীতের গল্প
সবুজ বয়সের হাতছানিতে
অবুঝ বেয়াড়া ইচ্ছেগুলো
যে পথে হেঁটে চলতো
উদ্ধত গ্রীবা বেঁকিয়ে,
কারণে অকারণে,
বড় হয়ে ওঠার দিনগুলো
যে পথে বৃষ্টিতে ভিজে একশা হতো
দুই বেণীর এলোমেলো গল্পগুলো নিয়ে
যে পথ রোজ সেজে উঠত,
সেই পথের গল্প বলে যেতে ইচ্ছে করে।
ইচ্ছে করে,
লাল নীল হলুদ সবুজ ওড়নাগুলো
পথে যেতে যেতে,
আনমনা হয়ে যে রামধনুর ছবি আঁকত
সেই রামধনুর গল্প বলতে।
যে পথে প্রথম বসন্তের রঙ ছড়াতো
পলাশ,শিমূল একসাথে মিলেমিশে!

লজ্জা রাঙা মনের খবর ছড়িয়ে দিত
যে পথ আকাশে বাতাসে,
সেই পথের গল্প খানিক বলে যেতে।
জীবনটাকে অনেক বেশি চিনে যাওয়ার পর
ওই কম চেনা দিনগুলোতে যখন ভীষণ ফিরে যেতে ইচ্ছে
করে,
তখনই সন্ধ্যে যে আকাশ ধরা দেয়
মনকেমনের জলের ফোঁটায়
তাকিয়ে দেখি,
পথের যত গল্পকথা
ভিজতে থাকে পথের ধূলায়।

৪. ইতিকথা

তাকিয়ে দেখি আমার ছোট্ট শহর
আজকে যেন ভীষণরকম শান্ত।
শহর জুড়ে রূপকথাদের ভিড়
তারাও যেন বিষন্নতায় ক্লান্ত।।
পথের পাশের একলা জীবনগুলোয়
মনকেমনের গুমোট নিম্নচাপ।
নিয়ন আলোর ছায়ার নিচে চলে
অথহীন আর তুচ্ছ গল্পালাপ।।
থমকে গেছে ঝিনুক খোঁজার গান
বদলে গেছে বেঁচে থাকার মানে।
আমিও যে আজ মোটেও ভালো নেই
আমার শহর সেই কথাটাও জানে।।

৯. উত্তর

একটি সকাল
নতুন সকাল,
পোড়া ছাই চারিদিকে
রাতের স্মৃতি জাগিয়ে দিল
স্বজনহারা রমণীকে।
স্বামী ছিল, ছেলে ছিল,
ছিল ঘরে চাল বাড়ন্ত।
ভাঙাচোরা জানালা দিয়ে
উঁকি দিত নীল দিগন্ত।
থাকা আর না থাকার মাঝে
সাজানো ছিল স্বপ্নটাকে,
লোভের আগুন উসকে দিল
ভালো থাকার ইচ্ছেটাকে।
আরও পাবে অনেক পাবে
পাওয়ার ঘরে মিললো তাই,
গগনভেদী আগুন শিখা,
স্বপ্নের ঘর পুড়ে ছাই।
পোড়া ছাইয়ের মধ্যে বসে,
শূণ্য চোখে আজ রমণী,
ভুলবে কিসে সকল জ্বালা
উত্তর দাও দেশজননী।

১০. এক অন্য গল্প

শ্রাবণের বৃষ্টিভেজা রাতে
যখন রাতের নিস্তব্ধতা নিজেকে তুলে দেয়
রিমঝিম কথাকলির হাতে-
তখন লাল-নীল আলোর মায়াবী ঘরে
নেমে আসে জোনাকির দল,
দু চোখের পাতা ভরে;
আপন ইচ্ছেডানা মেলে,
ঘুরে বেড়ায়
ছবি আঁকা রঙিন দেয়ালে।
জলভেজা কাঁচের শার্সিতে
ছায়া পড়ে
আদর মাখা গোপন গল্পকথার,
জন্ম হয় নতুন কোনও রূপকথার।
শুধু কিছু রাতজাগা চোখ
খুঁজে বেড়ায় ফেলে আসা শিকড়কে,
যে শিকড়ের কাছে জমা আছে
এক ছাপোষা জীবনের ঋণ,
মেঘলা মনের গোপন ঘরে
এক রোদের আলোর দিন।

১১. একলা দুপুর

তোর ছিল শেলী কিটসের ভার
সাহেবি কেতার মস্ত লাইব্রেরি,
আমার ছিল রবি ঠাকুরের বই
কাঁচে ঘেরা ছোট্ট সোনার তরী।
তোর ছিল পক্ষীরাজের ঘোড়া
তেপান্তরের মাঠ পেরিয়ে যেতিস,
যতই ঘুরিস সত্যি করে বল
মনের হদিস তুই কখনও পেতিস!
আমার ছিল মনপবনের নাও
ইচ্ছে মতন যেতাম যেথায় খুশি,
স্বপ্নগুলো মুঠোয় ভরে নিয়ে
খেয়ার ধারে আনমনেতে বসি।
তোর ছিল আলাদীনের প্রদীপ
আলিবাবার মণিমানিক্য যত,
চোখ ধাঁধানো সুখের তারার দল
তোর আকাশে ফুটত শত শত।
আমার ছিল চিলেকোঠার দুপুর
ইচ্ছে পরী আসত সেথায় নামি,
আটপৌরে জীবনটাকে ঘিরে
আমায় নিয়ে ছিলাম শুধুই আমি।

12. কবিকে নিয়ে, কবির জন্য, বাইশে শ্রাবণে...

আমি তো বেশ ভাবতে পারি মনে,
কোনো এক বাইশে শ্রাবণে,
তুমি ছিলে শিলাইদহে বোটে,
নিভৃতে একাকী, সঙ্গোপনে
তোমার বাঁধা নতুন কোনো গানে,
সুখে হেসেছিল মেঘবালিকার দল,
তালসারির ঘোমটা পরা ছায়ায়
মুখ লুকালো লাজুক বনতল।
রাখাল বালক পথ হারিয়েছিল
তোমার সাথে মিলনের অছিলায়,
শ্যামলী গাই নিরুদ্দেশের পানে,
অমল একা উন্মুখ জানালায়।
তোমার ফেরার নৌকা যখন তীরে,
বিরহব্যথায় পদ্মা তখন ম্লান,
জোড়াসাঁকো ঠাকুরবাড়ির ছাদে
উদাস চোখে নতুন বৌঠান....
বাইশে শ্রাবণের ক্যানভাস জুড়ে
জলরঙে আঁকা কত ছবি,
বিজন ঘরে একলা বসে আমি,
রয়েছি তোমার অপেক্ষাতে, কবি...

13. ক্ষমা

হে পৃথিবী, এ তোমার
কেমন বিষোদ্ধার!
তুমি তো নীলকণ্ঠ!
তোমার ভূমিকন্যা শত-সহস্র বিষ
নিজের জঠরে বহন করেও
ধরে রেখেছে আমাদের প্রাণের অস্তিত্বকে।
অথচ আমরা!
একটা বীজকে বপন করার অনুভূতি
ম্লান হয়ে গেছে
আমাদের বৃক্ষছেদনের উল্লাসের কাছে।
তোমার স্রোতস্বিনী কন্যা,
আমাদের অঞ্জলি দেওয়া
শোক, তাপ, জ্বালাকে বয়ে নিয়ে চলে
আপন ঔদার্যের মহিমায়।
তবুও আমাদের নির্মমতার চাবুকে
সেও আজ রক্তাক্ত।
মরা গাঙে আসা বান
তাই আজ পথ হারায়
আধপোড়া লাশের স্রোতের ভিড়ে।
আমাদের পাপের সব আয়োজন
পূর্ণ হয়েছে আজ,
তাই তো নভোতলে আজ শুধু কান্নার ধ্বনি

অবসন্ন ধরিত্রীর বুকে আজ শুধুই
দীর্ঘশ্বাসের কলরব।
হে সর্বংসহা, ক্ষমা করো
ক্ষমা করো কালের অভিশাপকে,
তোমার কোমল ছায়ায় আশ্রয় দাও
দিকভ্রষ্ট পথিক জনকে।

14. চিরসখা হে

উষার প্রথম আলোয়, প্রকৃতির শুদ্ধতায়

প্রণাম জানাই তোমারে।

মনে মনে বলি

"দাঁড়িয়ে আছ তুমি আমার গানের ওপারে।"

সারাদিনে তোমায় ভাবার নেই অবসর

ক্ষমা করো হে প্রিয়

সকল সুধা নিয়ে সখা,

"মাঝে মাঝে প্রাণে তোমার পরশখানি দিও।"

সন্ধ্যেবেলায় প্রদীপ নিয়ে তুলসীতলায়,

মন চলে যায় নিরুদ্দেশে

চুপিসারে জানাই তোমায়

"আমি সেইখানেতেই মুক্তি খুঁজি দিনের শেষে।"

জীবনের ভারে ক্লান্ত আমি

ছুটে যাই তোমার ভুবনে

ভরিয়ে দাও তুমি প্রাণ,

হে চিরসখা,

"তুমি আরো আরো আরো করো দান।।"

15. ছায়া

দেয়ালজোড়া আয়নায়
সেদিন দেখলাম তোকে।
সেই চোখ, সেই মুখ
এলোমেলো চুলগুলোকে
যত্ন করে শাসনে রাখা
সেই সেদিনের মতই,
একদম সেই তুই
সত্যি একদমই কি সেই তুই!!
চামড়া রক্তমাংস পেরিয়ে
যে তুইটা বসত করতো তোর ঘরে
সেই তুইটাকে পেলাম না কোথাও
পেলাম না সেই তুইয়ের ঔদ্ধত্যকে,
সেই একগুঁয়েমি সেই অহংকারকে।
বরং ওই আয়না যে চোখদুটো দেখাল
তার মধ্যে পেলাম,
সহমর্মিতার এক অপরূপ ছায়াকে
যে ছায়ার নিচে আশ্রয় নেওয়া যায়
অনন্তকালের জন্যে,
যে ছায়া ফিসফিসিয়ে দিনের আলোর
গভীরে লুকানো তারাদের গল্প বলে,
যে ছায়া কালো সন্ধ্যায়
জেগে থাকে,

জেগে থাকে ভোরের অপেক্ষায়।।

16. ছেদ

সেদিনের মত আজও জানালার পাশে
পূর্ণিমার আলো এসে দাঁড়ায়।
আজও জ্যোৎস্না মাখা বাতাস ফিসফিসিয়ে
ঝুলন যাত্রার গান শুনিয়ে যায়।
পথের দুধারে রং-বেরং এর রাখির মেলায়
আজও সূচিত হয় মিলনের জয়গান।
দ্বিতীয়ার চাঁদের একফালি আলো আজও গায়ে মাথে নির্জন
নিরাভরণ দালান।
কোথাও এতটুকুও ছেদ নেই।
সবটুকুই রয়ে গেছে নিজের জায়গায়।
শুধু হারিয়ে ফেলেছি ভালোবাসা বেঁধে দেওয়ার
হাতটা,
এক লহমায়....

17. জন্মদিনে

লেবাররুম থেকে বৃদ্ধাশ্রমে
শহর কিংবা প্রত্যন্ত গ্রামে,
যে গল্প নিরন্তর পথ হাঁটে
মন্দিরের চাতালে অথবা দিঘির ঘাটে,
যে কাহিনী বয়ে চলে যুগ-যুগান্ত ধরে
মাল্টিস্টোরিড বা মাটির দাওয়ার পরে,
যে উপন্যাস রচিত হয় অনন্তকালের
পুরাণ থেকে মহাভারতের,
পাতায় পাতায় আঁকা হয় যে মুখ
জীবন থেকে কুড়িয়ে নেওয়া এক আঁজলা সুখ,
মিলেমিশে যায় একদিনে
নারীদিবসের জন্মদিনে।

14. জলছবি......

আলো আঁধারের মুহূর্তে
যে স্বপ্নবুনন
সেখানে থাকে কল্পনাবিলাসের রং-তুলি
গোধূলির আলো মাখানো স্বপ্নে
বদলাতে থাকে জীবনের জলছবি।
অদৃশ্য ইশারায় সুর ওঠে
ধুলো পড়া তানপুরার সরগমে,
একাকীত্বের প্রান্তর ভেসে যায়
মেঘ-মল্লারের গীতিকাব্যে।
জলসাঘরে রক্তকরবীর গালিচায় আসর সাজায়
ভৈরবী আর জয়-জয়ন্তীর দল।
চিত্রকরের এক কিস্তিতেই বদলে যায়
চতুরঙ্গের পটভূমি।
মেঘের দল উড়ে যায় সূর্যাস্তের দোরগোড়ায়,
স্বপ্নের চিত্রকর মিলিয়ে যায়
দূর থেকে আরও দূরে।

১৯. তোমার জন্মদিনে

সীমান্তে আজ আর নেই বারুদের গন্ধ
মিলনের জয়গান শুধুই একমনে,
গাইছে দূরে নীল পাহাড়ের দল
বিবাদ ভুলে, তোমার জন্মদিনে।
হিংসা, দ্বেষ, ঈর্ষা ,ক্লেদ যত
পরাজিত আজ তোমার আমার মনে,
নতুন পৃথিবী গড়ব বলে সবাই
শপথ নিলাম তোমার জন্মদিনে।
আগুন রঙা আবীর নিয়ে মুঠোয়
কাঠচাঁপা আজ গন্ধ ছড়ায় বনে,
ছায়ার ঘোমটায় মেঘবালিকার দলও
অর্ঘ্যে সাজে তোমার জন্মদিনে।
পুব আকাশে নতুন রবি এসে
বাঁধল কত নতুন নতুন ঋণে,
এমনই করে টুকরো কথার আলাপ
জমতে থাকুক তোমার জন্মদিনে।

20. নকশিকাঁথা

বর্ষার মাদলে, ভরসার সুর বাজে
তমালের আঙিনায় শ্যাম কিশোরী রাই সাজে।
মেঘ রাশির কেশ দাম
ঝরে পড়ে অবিরাম,
শ্রাবণ ধারায়, অলস খেলায়
বসুন্ধরার মাঝে।
গন্ধরাজের বনের ধারে
শ্বেত বলাকার দল।
চঞ্চল পায় চকিতে লুকায়
নীরব ইশারায় অভিসারে যায়
মেঘের আঁচল গায়েতে জড়ায়,
শান্ত কোলাহল।।
বিরহী প্রিয়ার, ব্যাকুল হিয়ার নীরব গোপন ব্যাথা
বিরামহারা,বৃষ্টিধারায় রচিল কাব্য গাঁথা।
সোহাগ জড়ানো মিলন বেলায়
রামধনু রং আকাশের গায়,
বৃষ্টি শেষে মধুর হেসে
সাজায় নকশিকাঁথা।।

২১. বন্ধু

তোমার কাছেই শিখেছিলাম ভালোবাসার পাঠ
তোমার সাথেই পেরিয়েছিলাম তেপান্তরের মাঠ,
তোমার সাথেই গেয়েছিলাম বর্ষা ঋতুর গান
বাদল দিনের প্রথম কদম করেছিলে দান।
চোখের জলে ডোবাই আমার সকল অহংকার
ফাগুন হাওয়ায় খুলেছিলো ভালোবাসার দ্বার,
প্রাণের খেলা খেলেছিলাম রাঙিয়ে উওরীয় –
চিরপথের সঙ্গী তুমি ওগো আমার প্রিয়।
সারা পথের ক্লান্তি ভোলাও তোমার পরশ দিয়ে
মধুর রূপে বিরাজ করো আকুল সুবাস নিয়ে,
আমার মুক্তি খুঁজে দাও সর্বজনের মাঝে
পরমবন্ধু গীতবিতান সকাল থেকে সাঝে।।

22. প্রার্থনা

নতশিরে দেখি আজ,
আজানুলম্বিত অন্ধকারের ঘনঘটা
দাবানলের লেলিহান শিখায়,
ম্লান হয়েছে চাঁদের কিরণ ছটা।
লৌহকপাট ভাঙার স্বপ্নের রঙ
ক্লান্তির ভারে অনেকখানি ফিকে,
সাম্যের গান তবু বেঁচে থাকে
কান পেতে শুনি ওই দিকে দিকে।
জোছনা আজ আর দেয়না আড়ি
মুখ ফিরিয়েছে অভিমানী মন নিয়ে,
কখনও শুধু নীরবে থমকে দাঁড়ায়
যেতে যেতে সেই পরিচিত পথ দিয়ে।
ভালোবাসার পিঁড়িটাই রয়ে গেছে শুধু
একই বৃন্তের দুটি কুসুমের দলে,
তোমার প্রার্থনা ধ্বনিত হয় আজও
তোমার রেখে যাওয়া আসমুদ্র-হিমাচলে।

23. নারী

আমি নারী

নদী না হলেও

একটা গোটা আকাশ হতে পারি।

আমি নারী

হারিয়ে গিয়েও

ফিরে আসার স্বপ্ন দেখতে পারি।

আমি নারী

মহাকার্বযের রণক্ষেত্রের

জন্ম দিতে পারি।

আমি নারী

একলা চলেও

স্বাধীনতার ধারক হতে পারি।

আমি নারী

অসমাপ্ত উপন্যাসের

নায়িকা হতে পারি।

আমি নারী

আমি অপরাজিতা

অস্তরাগের আলো মেখে এটাই বলতে পারি।।

24. বিসর্জন

সেই মেয়েটারও ঠিকানা ছিল
ছোট্ট বাড়ির একটা কোণ
সাথী ছিল, স্বজন ছিল,
রঙিন খামে একটা মন।
ভাবের ঘরে বসত ছিল
আনমনা এক গল্পকথার,
ধুলোয় মলিন সুর লুকাতো
ছেঁড়া তারের তানপুরাটার।
স্বপ্ন ছিল দু- চোখ জুড়ে
দিন কাটত গোপন আশায়,
জীবনের রঙ বদলে যাবে
সিঁদূর রাঙা ভালোবাসায়।
সবই গেল বদলে তার
এক সন্ধ্যের অভিসারে
জীবনসাথীর গোপন চিঠি
ঠিক সাতটায় নদীর পাড়ে
কিছু কথা, কিছু গাঁথা
প্রতিশ্রুতির নিবিড় ক্ষণ
বিজয়ার গোধূলিতে
বিনি সুতোয় ফের দুটি মন।
মেঠো পথের আলের ধারে
ভাসতে থাকে খুশির সুর

ওই তো বাড়ি, ওই তো জীবন
আর কিছুটা থানিক দূর।
কিন্তু হঠাৎ আগুন হাওয়া
এক ঝটকায় মাঠের মাঝে
দূরে কোথায় ঢাকের আওয়াজ
বিসর্জনের বাজনা বাজে।
পরিচিত চোখের তারায়
লালসার বন্য রেখা
চির চেনা মুখ গুলোকে
অসুর হয়ে উঠতে দেখা।
পড়ে থাকে নগ্ন দেহ
নির্বাক চোখের কোন
বোধনেই হয়ে গেল
এক দুর্গার বিসর্জন।

25. বৃষ্টিবেলায়

কফির কাপে আলতো চুমুক,
বাদল দিনের উতল হাওয়া।
ব্যস্ত দিনের কাজের ফাঁকে,
একটু সময় কুড়িয়ে পাওয়া।।
আকাশ থেকে ঝাঁপিয়ে পড়া,
একশো হাজার জলের ফোঁটা।
মুখোমুখি ভিজছে বসে,
মনকেমনের গল্প ক-টা।।
দিশেহারা পাতার গায়ে,
হাসনুহানাও কাব্য লেখে।
নতুন কুঁড়ির উঁকিঝুঁকি,
পরাগরেণুর সোহাগ মেখে।
বৃষ্টি ধোওয়া সন্ধ্যাবেলায়,
প্রেমের আলাপ ইমন রাগে।
ধুলো পড়া অতীত শুধু,
সেই আলাপে ভিজতে থাকে।।
নীল সায়রে জল থইথই,
শ্রাবণ মেঘের হাতটি ধরে।
সাতরঙেতে আমার আকাশ,
কেমন সাজে নতুন করে।।
আবার যদি হঠাৎ এমন
বৃষ্টি নামে পথের বাঁকে

ভিজিয়ে নেব জমতে থাকা,
রোদ-শুকনো ইচ্ছে-টাকে।।

26. ভোরের স্বপ্ন

তোমরা যারা যুদ্ধ করো
রক্তে রাঙা আগুন মেখে,
স্রোতস্বিনী অবাক চোখে
সেই তোমাদের তাকিয়ে দেখে।
যে ক্ষমতায় জড়িয়ে রাখো
সূর্যের চেয়েও প্রখর তেজ,
তাকিয়ে দেখ সবার সাথে
পুড়ছে কিন্তু তোমারও দেশ।
ভোরের রঙ আকাশ মাখুক
থামুক এবার যুদ্ধ গান,
জীবন-মৃত্যুর খেলায় জিতুক
অহিংসার নতুন প্রাণ।
শান্তি নামুক বৃষ্টিধারায়
স্বপ্ন ধরি আঁজলা পেতে,
ছোট্ট চারা হাওয়ায় দুলুক
বৃষ্টি ভেজা সবুজ ক্ষেতে।

২৭. মনে রবে

তোমার ছড়িয়ে ছিটিয়ে রেখে যাওয়া
স্পর্শগুলোকে পেরিয়ে এলাম নিজের ঘরে।
যে গন্ধটা আষ্টেপৃষ্ঠে বেঁধে রাখত আমাকে
সেই গন্ধটাই,
সেই গন্ধটাই আজও এসে ছুঁয়ে ছুঁয়ে যাচ্ছে আমাকে।
দেয়ালজোড়া আয়নার সামনে,
কত সুগন্ধির শিশি পড়ে রয়েছে নিতান্ত অবহেলায়।
আসলে তোমার গন্ধটাকে আমি কোনদিনই
সস্তা সুগন্ধির ভিড়ে হারিয়ে যেতে দিতে চাইনি।
হঠাৎ দেখি তোমার বিছানার থেকে
মেঝেতে গড়িয়ে পড়ল
এই কদিন আগেই তোমার শেষ জন্মদিনে
আমার কিনে দেওয়া কলমটা।
তুলে রাখতে গিয়ে দেখলাম
ডায়েরির লাল মলাটটা উঁকি মারছে
তোমার বালিশের তলা থেকে।
হাতে তুলে নিয়ে দেখি এক পৃষ্ঠায়
কালো কালি দিয়ে লেখা,
"যখন পড়বে না মোর পায়ের চিহ্ন এই বাটে"
তারপর সব পৃষ্ঠা সাদা।
তোমার শরীরের বিপদজনক তাপমাত্রাকে
দিশাহারা আমি চেয়েছিলাম

শীতলতায় ডুবিয়ে দিতে।
কিন্তু এক অজানা ভয়ে তুমি
বারবার সরিয়ে দিয়েছ আমাকে।
চলে তো যেতেই হবে একদিন
কিন্তু এত একা একা যাওয়া কেন!
অনেক চেয়েছিলাম তোমাকে একটি বারের জন্য,
দিল না ওরা।
লাল টিপ পড়ে এলোখোঁপায় গিয়েছিলাম তোমায় আনতে।
বিশ্বাস ছিল ওই সাজে তুমি আমার কাছে না এসে থাকতে
পারবে না।
এলে না তুমি,
প্লাস্টিকে মোড়া তোমাকে কোথাও রাখলাম না আমি আমার
মনে।
শেষ বিকেলে পশ্চিমের বারান্দার চেয়ারে বসে
শেষ সূর্যাস্ত দেখতে দেখতে ক্লান্ত তুমি বলে উঠেছিলে,
"নূতন করিয়া লহো আরবার চিরপুরাতন মোরে
নূতন বিবাহে বাঁধিবে আমায় নবীনজীবন ডোরে"।
তাই তো এই অন্ধকার রাতে
সকলের অগোচরে,
কপালে এঁকেছি লাল কুমকুমের বিন্দি
এলোখোঁপায় দিয়েছি তোমার হাতে লাগানো আধফোটা
বেলফুলের কুঁড়ি
"তোমায় নতুন করে পাব ব'লে"।
রোজ উদযাপন হবে আমাদের মিলনের উৎসব।।

24. মহাকাল

দেখতে চাই না
দেখতে চাই না আর
অন্ধকারে হারিয়ে যাওয়া
নাম না জানা পাখিদের
রক্তাক্ত ডানার ঝটপটানি।
শিখতে চাই না
শিখতে চাই না আর
আস্তাকুঁড়ের খুঁটে খাওয়া,
জীবন সংগ্রামের
জটিল সমীকরণ।
শুনতে চাই না,
শুনতে চাই না আর
শরশয্যায় শায়িত
ক্ষত সমাজের,
মৃত্যু যন্ত্রণার আর্তনাদ।
সভ্যতার বুকে দাঁড়িয়ে
বিপন্ন অস্তিত্ব
আবার ফিরে পাক
একটুকরো উর্বর জমি।
দিশেহারা পাখির দল
ঠিকানা খুঁজে পাক
নিশ্চিন্ত পরবাসে।

চেতনার রঙ ছড়াক
বন্দর থেকে বন্দরে
নিবিড় প্রশান্তিতে
বেঁচে থাক মহাকাল।।

২৯. মা

ঘরে ফিরছি মা আমি
যে পথ দিয়ে হেঁটে গিয়েছিলাম একদিন
সেই পথ দিয়েই।
সেদিন ছিলাম তুমি আর আমি
শুকনো খটখটে চোখে তুমি হেঁটেছিলে,
নিজের অস্তিত্বকে যতদূর থেকে দেখা যায়
ততদূর পর্যন্ত।
আজ আমার সাথে অনেক মানুষ হাঁটছে মা
সবাই আমার জয়ধ্বনি দিচ্ছে,
এত ফুলের গন্ধ আমার যে সহ্য হয়না
প্রাণহীন একটা মানুষ কে
এতটা সন্মান।
একদিন দেশের ভার কাঁধে
তুলে নিয়েছিলাম যে আমি,
আজ সেই আমি অন্যের কাঁধে চড়ে!
এ তো আমি চাইনি মা,
এগুলো তো আমরা চাইনা।
অস্তিত্বের টানাপোড়েনে,
নিঃশেষ হতে চলেছি আমরা,
সৌহার্দ্যের রং ক্রমশ ফিকে হয়ে যাচ্ছে,
হারজিতের দাঁড়িপাল্লায় দাঁড়িয়ে,
মানুষ হয়ে উঠছে বড় বেশি স্বার্থপর

আর তাইতো এইভাবেই শূন্য করে
চলে যেতে হয় আমাদের।
শুধু দেখ মা তোমার আমার আকাশটা
আজও কেমন অকৃপণ,
অবিশ্রান্ত জলরাশির ধারাকে সে আজ
ধার দিয়েছে তোমায়।
আসলে সে যে জানে মা,
তোমার চোখের জলের সামনে দিয়ে,
আমি কিছুতেই যেতে পারব না
ভিন দেশের পথে।।

৩০. মিতালি

বৃষ্টি তোকে আজ পাঠালাম পত্রমিতালি,
পদ্মপাতার খামে মোড়া জীবন গীতালি।
নদীর ধারে সেই যে সেই জামতলার লাল চাতাল,
ইলশেগুঁড়ি মাথায় নিয়ে মন যে উথাল পাতাল।
আমার মনের দোসর হত চখাচখির দল,
নিজের সাথেই খুনসুটি আর অভিমানের দল।
বাঁধভাঙ্গা তোর ধারাপাতে লুকোচুরি খেলা,
টাপুর টুপুর পুণ্যিপুকুর কাটতো সারাবেলা।
আমতলার সেই আম কুড়নো ছেলেবেলার দল,
তারা কোথায় হারিয়ে গেল বল বৃষ্টি বল।
তোর গন্ধ গায়ে মেখে যেতাম মিতার বাড়ি,
শিলং পাহাড় নয়তো সেটা পাইন গাছের সারি।
আমার মিতা থাকতো যেখায় সেখায় মেঘের দল,
থাকতো ঘিরে ছোট্ট নীড়ে নেইতো কোলাহল।
ধানের শিষের হাতছানিতে দিতাম মাঠে ছুট,
আদুল হাওয়ায় উড়তে থাকে নীল আকাশের খুট।
আধফোটা সব জুঁই বেলিদের মেঘমল্লার গানে,
উদাস হতাম, পথ হারাতাম কোন অজানার টানে।
সে সব কথা আজ জানালাম বৃষ্টি তোকে আমি,
জীবন পথে হারিয়ে যাওয়া তুচ্ছ কিন্তু দামি।

৩১. যদি থাকতে তুমি

যদি তুমি থাকতে,
টুকরো হয়ে ছড়িয়ে যাওয়া
কল্পলোকের গল্পগুলোকে
কুড়িয়ে নিয়ে জড়ো করতাম,
কোলাজ বানিয়ে
নতুন এক গল্প লিখতাম,
হয়তো সেটাও হত এক ভাঙাচোরা গল্প
তবু লিখতাম,
যদি থাকতে তুমি।
যদি তুমি থাকতে,
পুড়ে যাওয়া ইচ্ছেগুলোকে
এক পশলা বৃষ্টিতে ভিজিয়ে নিতাম
মেলে দিতাম তোমার আকাশে,
অসীম উল্লাসে
ওরা দোল খেত রোদমাখা দোলনায়,
দূর দিগন্তের সীমানায়
ওরা নতুন করে ঘর বাঁধতো,
যদি থাকতে তুমি।
যদি তুমি থাকতে,
ভুলে ভরা ভাবনাগুলোকে
ভাসিয়ে দিতাম নদীর জলে,
কৃষ্ণচূড়া ফোটার দলে

নাম লেখাতাম নতুন করে।
নতুন করে সাজিয়ে নিতাম
মুকুল ঝরার দিনগুলোকে।
যদি তুমি থাকতে।

32. রূপকথা

আদুরে রোদ গায়ে মেখে
তোর অবকাশ সর্ষেক্ষেতে
শীতের হাওয়ার লুটোপুটি
তোর পাশেতে আঁচল পেতে ।
মটরশুঁটির ছোট্ট দানার
হারটি গলায় লাগছে বেশ
বন্ধু তুই ছুঁয়ে যাস
তমাল গাছের কৃষ্ণ কেশ ।
শিশির ধোওয়া সবুজ মাঠে
নীল গোলাপের কথোপকথন
তোর পরণের লাল শাড়িতে
উন্মনা আজ তো র প্রিয়জন।
তোর কাছেতেই গল্প বলে
বটের ঝুরির গোপন ব্যথা
সরষে ফুলের হলুদ ছোঁয়ায়
ভাসতে থাকে এক রূপকথা ।

33. সম্পর্ক

দেখেছিলাম একদিন
তুমি পুঁতলে একটি ছোট্ট চারাগাছকে
অসীম মমতায়
নিদারুণ ভালোবাসায়।
তোমার পাশে থাকার প্রতিশ্রুতিতে
বাঁচবার স্পধা পেয়েছিল সে
তাই বেড়ে উঠছিল আকাশের পানে
তোমার অমোঘ টানে
দেখলাম সেদিন,
যত্ন করে তুমি মাড়িয়ে গেলে গাছটাকে
তীব্র অবহেলায়,
নতুনের খেলায়।

34. সাধারণ মেয়ে

অতি সাধারণ এক মেয়ে
সারাদিনের শেষে,
মানিয়ে নেওয়ার মুখোশটাকে
ঘুম পাড়িয়ে এসে
অভিমানের গল্প শুধু
নিজের 'আমি'র সাথে,
আঁচল পেতে আকাশ দেখে
জ্যোৎস্না ভরা রাতে।
পুতুলখেলার দিনগুলোতে
ঘরকন্নার ছবি,
মেয়ের মনের চিলেকোঠায়
সাজানো ছিল সব-ই।
ফুলকাজের নকশা তুলে
গৃহস্থালির ফাঁকে,
ভরাট করে রাখত মেয়ে
সকল শূন্যতাকে।
নালিশ গুলো জমত যখন
শাড়ির ভাঁজে খামে,
মেয়ের চোখে বৃষ্টি তখন
অন্য কোন নামে।
শুধুই যখন জ্যোৎস্না রাতে
আদর মাখে মন,

লিলি আইচ বসু

'আমি'র কাছে তখন মেয়ে
বড় অসাধারণ।

35. সমীকরণ

আপাত সুখ বিবর্ণ হতে থাকে
ক্লান্তির ভারে,
নষ্টচাঁদের আলোয় ডুব দেয়
অভিমানের পারদ।
নিস্তব্ধতা এসে ভিড় জমায়
সোনালী কাঁচের শার্সিতে,
গেলাস থেকে গেলাসে ফেরে
মূল্যবান মুহূর্তরা।
আকণ্ঠ নিমজ্জিত ব্যর্থতা
ঘুমতে যায় লাশকাটা ঘরে,
হারিয়ে যাওয়ার অলিতে গলিতে
বদলাতে থাকে
সরলরেখার সমীকরণ।

৩৬. সুখ

স্বপ্নে দেখা যে মেয়েটা
রঙিন জামা রঙিন ছাতায়
ইস্কুলে যায়,
তাকিয়ে দেখি সেই মেয়েটা
ছেঁড়া জামায়, মলিন মুখে
পাত কুঁড়ে খায়।
স্বপ্নে দেখা যে মেয়েটার
গানের সুরে, হাততালিতে
ভাসতে থাকে অডিটোরিয়াম,
তাকিয়ে দেখি সেই মেয়েটা
ভাইকে কোলে ফুটপাতেতে
পাশে ভাঙা হারমোনিয়াম।
স্বপ্নে দেখা যে মেয়েটা
স্বামীর পাশে শপিং মলে
সোহাগ মাখা মুখে,
তাকিয়ে দেখি সেই মেয়েটা
এলোমেলো পায়ে, চৌরাস্তায়
উদাস দুটি চোখে।
যে মেয়েটা স্বপ্নে থাকে
যে মেয়েটা পথে
এক চিলতে সুখের খোঁজে
কখন যেন একসাথে,

পা মিলিয়ে চলতে গিয়ে
খুঁজতে গিয়ে সুখ,
ক্যানভাসেতে রঙের খেলায়
মিশে যায় সেই দুটি মুখ।।

৩৭. সেই মেয়েটা....

এই মেয়েটা এদিকে আয়
একটা কথা শোন,
গাজন মেলায় হারিয়েছে শুনি
তোর উদাসী মন!!
বেশ তো ছিলিস, নিজের মনে
চু-কিত কিত খেলায়,
লাল ফিতেতে দুই বিনুনি
জংলা ফুলের মালায়।
উঠোন ভরা ধানের গোলায়
লক্ষ্মী পাটের আলপনায়,
জোছনা রাতের নরম আলোয়
সবটা কিন্তু গল্প নয়।
তুই তো বেশ ছিলিস মেয়ে
কাজলা দিঘির শান্ত জলে,
নিঝুম দুপুর গায়ে মাখতিস
আম কুড়োবার মিথ্যে ছলে।
হঠাৎ কেন ফেললি দিয়ে
লজ্জা ঢাকা মনটাকে,
কাঁটাতারের বেড়ার পারের
অচেনা সেই জন-টাকে!
হলুদ ছাপা ফুল শাড়িতে
শান্ত জলে দামাল ঢেউ,

এলো চুলে গন্ধ খোঁজে
ঘুম ভাঙালো অন্য কেউ।
বোশেখ আজ প্রেম এনেছে
"ভাঙা পথের রাঙা ধূলায়"
আজলা ভরে রাখিস ধরে
তোদের যাতে সবটা কুলায়।

38. সেতু

জীবনের অনেক মুহূর্ত পেরিয়ে
বিশ্বাসের সেতুটা রয়েছে দাঁড়িয়ে
পারস্পরিক বোঝাপড়ার আলিঙ্গনে।
রংচটা কিন্তু নড়বড়ে নয়,
পড়ন্ত বেলাতেও অবিচ্ছেদ্য রয়
নিভৃতে একাকী সঙ্গোপনে।
প্রতিশ্রুতির ভাঙ্গাগড়ায়
কথা-কাহিনীর জীবনখেলায়
কযালেন্ডারে বদলে যায় দিন।
অপেক্ষার ছোট্ট কোণে,
ভরিয়ে রাখার আয়োজনে
সেতুটা আজও তেমনি অমলিন।

39. স্বপ্ন

তোর পাশে শুধু থাকব বলেই
ছিলাম তোর পাশে
বাদাম খোলার পাহাড় হতো
চিত্রকূটের ঘাসে।
শ্রাবণ মাসের বাদল দিনে
বেলা শেষের গান,
পথ হারানো পথিক হতাম মনের অবুঝ টান।
তোর আকাশেই উড়িয়ে দিতাম
সুখ-দুঃখের ফানুস,
বুকে টেনে নিয়ে বলতিস বড্ড ছেলেমানুষ।
দ্বিতীয় শ্রেণীর সস্তা টিকিট
কোপাই নদীর তীর,
না বলা সব কথার সারি
মনের মাঝে ভিড়।
হঠাৎ তোর গল্প শুরু
ভিন দেশেতে পাড়ি,
স্বপ্ন রাজ্য আমায় নিয়ে
তাই তো তাড়াতাড়ি।
অনেক কাল পেরিয়ে গেছে
অনেক অনুপল,
কোপাই নদীর তীরেই ছিল
শেষ অস্তাচল।

40. স্মৃতি....

অনেক বছর পর ফিরলাম
গিয়েছিলাম তোর পাড়াতে,
সেই যেদিন প্রথম দেখা
বৃষ্টি ভেজা তোর সাড়াতে।
হরিদার সেই চায়ের দোকান
তর্কে জিতে তোর বাজিমাত,
দূর থেকেই অবাক হতাম
বাড়িয়ে দিতাম তোর হাতে হাত।
তোর বোনা নকশিকাঁখায়
গল্প-কথার শব্দ বুনন,
নদীর বাঁকে থমকে যেতো
চুপকথাদের আত্মলিখন।
খেলাঘর বাঁধতে চাওয়ায়
কতো রাত না ঘুমিয়ে,
তোরও ছিল রাতজাগা চোখ
তোর কবিতা না শুনিয়ে।
নিয়মবাঁধা কাজের মাঝে
নিয়ম ভাঙার সময় চাওয়া,
সত্যি বলছি সেটাই ছিল
আমার কাছে পরম পাওয়া।
চাওয়া-পাওয়ার হিসেব গুলো
অনেক বছর হারিয়ে গেছে,

শুধু সেই গল্প গুলো
বইয়ের ভাঁজে আজও আছে।
আজও আছে নিঝুম রাতে
বইয়ের পাতা উল্টে দেখা,
অগোছালো জীবন টাকে
মিথ্যে করে সাজিয়ে রাখা।

www.ingramcontent.com/pod-product-compliance
Lightning Source LLC
Chambersburg PA
CBHW021137130726
47988CB00003B/1353